ACTES SUD JUNIOR
est dirigé par Madeleine Thoby-Le Duc

25
poèmes
de
Victor Hugo

De Thierry Lefèvre

Petites chimères et monstres biscornus
Les Ogresses vertes
N'a-qu'un-œil
Le Saut de la Mounine
L'Assassin à la fourchette
Le Retour de la femme sans tête
La Nuit troglodyte
L'Affaire du Petit-Maroc
Le Voleur de Noël
ACTES SUD JUNIOR

Treize histoires pour découvrir les monstres et les sorcières
Treize histoires pour découvrir les amours des dieux
SOMOGY

De la même illustratrice

Comptines de ma grand-mère
Jouer le jeu
ACTES SUD JUNIOR

Histoires de pirates
Mille ans de contes du Québec
MILAN

Direction artistique : Isabelle Gibert
Maquette : Maud Cornu

ISBN 2-7427-3750-2

Loi 49-956 du 16 juillet 1949
sur les publications destinées à la jeunesse

Des poèmes plein les poches

LES NAINS ET LES GÉANTS

25 poèmes de Victor Hugo

Choisis et présentés par

THIERRY LEFÈVRE

Illustrés par

AMÉLIE JACKOWSKI

ACTES SUD JUNIOR

À hauteur d'enfant

En 1822, Victor Hugo a vingt ans. Il écrit dans la préface de ses *Odes et ballades* : "Le domaine de la poésie est illimité." Toute sa vie, ses poèmes illustreront cette revendication. Dès ses premiers textes, à l'âge de treize ans, il entreprend de construire un monde démesuré.
Certains poèmes paraissent désuets aujourd'hui, comme les envolées mystiques ou les pièces moralisatrices. Cette réserve faite, on se penche avec bonheur sur la poésie de Victor Hugo. Une puissance d'évocation, une imagination débordante, des formules fortes, des jeux avec les mots et les rimes, l'art de brosser un portrait ou un paysage : autant de qualités qui n'ont pas pris une ride. Sa poésie, comme il le dit des étoiles filantes, "c'est de la splendeur qui rôde".

Les textes rassemblés ici sont une introduction à l'œuvre : des poèmes (ou des fragments) faciles d'accès, autour d'un thème important, séduisant pour de jeunes lecteurs.
Le poète a construit un univers cohérent, de l'infiniment petit à l'infiniment grand. Les textes retenus composent quelque chose comme la "part d'enfance" de Victor Hugo, celle où un brin d'herbe recèle un trésor, où un nuage cache un monstre, où deux géants forgent le soleil couchant. C'est une proposition poétique à hauteur d'enfant, pour rire et rêver.

Thierry Lefèvre

Pluie d'été

[...]
La pluie a versé ses ondées ;
Le ciel reprend son bleu changeant ;
Les terres luisent fécondées
Comme sous un réseau d'argent.
Le petit ruisseau de la plaine,
Pour une heure enflé, roule et traîne
Brins d'herbe, lézards endormis,
Court, et, précipitant son onde,
Du haut d'un caillou qu'il inonde,
Fait des Niagaras aux fourmis !

Tourbillonnant dans ce déluge,
Des insectes, sans avirons,
Voguent pressés, frêle refuge !
Sur des ailes de moucherons ;
D'autres pendent, comme à des îles,
À des feuilles, errants asiles ;
Heureux, dans leur adversité,
Si, perçant les flots de sa cime,
Une paille au bord de l'abîme
Retient leur flottante cité !

[...]

Le géant

Ô guerriers ! je suis né dans le pays des Gaules.
Mes aïeux franchissaient le Rhin comme un ruisseau,
Ma mère me baigna dans la neige des pôles
Tout enfant, et mon père, aux robustes épaules,
De trois grandes peaux d'ours décora mon berceau.
[...]
À peine adolescent, sur les Alpes sauvages,
De rochers en rochers je m'ouvrais des chemins ;
Ma tête ainsi qu'un mont arrêtait les nuages ;
Et souvent, dans les cieux épiant leurs passages,
J'ai pris des aigles dans mes mains !

Je combattais l'orage, et ma bruyante haleine
Dans leur vol anguleux éteignait les éclairs ;
Ou, joyeux, devant moi chassant quelque baleine,
L'océan à mes pas ouvrait sa vaste plaine,
Et mieux que l'ouragan mes jeux troublaient les mers !
[...]

La fée et la péri

[...]
J'ai des grottes de coquillages ;
J'ai des tentes de rameaux verts ;
C'est moi que bercent les feuillages,
Moi que berce le flot des mers.
Si tu me suis, ombre ingénue,
Je puis t'apprendre où va la nue,
Te montrer d'où viennent les eaux ;
Viens, sois ma compagne nouvelle,
Si tu veux que je te révèle
Ce que dit la voix des oiseaux.
[...]

Nourmahal la Rousse

[...]

Là, des monstres de toute forme
Rampent : — le basilic rêvant,
L'hippopotame au ventre énorme,
Et le boa, vaste et difforme,
Qui semble un tronc d'arbre vivant.

L'orfraie aux paupières vermeilles,
Le serpent, le singe méchant,
Sifflent comme un essaim d'abeilles ;
L'éléphant aux larges oreilles
Casse les bambous en marchant.

Là, vit la sauvage famille
Qui glapit, bourdonne et mugit.
Le bois entier hurle et fourmille.
Sous chaque buisson un œil brille,
Dans chaque antre une voix rugit.
[...]

Rêverie

Oh ! laissez-moi ! c'est l'heure où l'horizon qui fume

Cache un front inégal sous un cercle de brume,

L'heure où l'astre géant rougit et disparaît.

Le grand bois jaunissant dore seul la colline :

On dirait qu'en ces jours où l'automne décline,

Le soleil et la pluie ont rouillé la forêt.

[...]

Soleils
couchants

[…]

Oh ! regardez le ciel ! cent nuages mouvants,
Amoncelés là-haut sous le souffle des vents,
Groupent leurs formes inconnues ;
Sous leurs flots par moments flamboie un pâle
[éclair,
Comme si tout à coup quelque géant de l'air
Tirait son glaive dans les nues.

Le soleil, à travers leurs ombres, brille encor ;
Tantôt fait, à l'égal des larges dômes d'or,
Luire le toit d'une chaumière ;
Ou dispute aux brouillards les vagues horizons ;
Ou découpe, en tombant sur les sombres gazons,
Comme de grands lacs de lumière.

Puis voilà qu'on croit voir, dans le ciel balayé,
Pendre un grand crocodile au dos large et rayé,
Aux trois dents acérées ;
Sous son ventre plombé glisse un rayon du soir ;
Cent nuages ardents luisent sous son flanc noir
Comme des écailles dorées.

[…]

U n i t é

Par-dessus l'horizon aux collines brunies,
Le soleil, cette fleur des splendeurs infinies,
Se penchait sur la terre à l'heure du couchant ;
Une humble marguerite, éclose au bord d'un champ,
Sur un mur gris, croulant parmi l'avoine folle,
Blanche, épanouissait sa candide auréole ;
Et la petite fleur, par-dessus le vieux mur,
Regardait fixement, dans l'éternel azur,
Le grand astre épanchant sa lumière immortelle.
– Et moi, j'ai des rayons aussi ! lui disait-elle.

Chanson

Si vous n'avez rien à me dire,
Pourquoi venir auprès de moi ?
Pourquoi me faire ce sourire
Qui tournerait la tête au roi ?
Si vous n'avez rien à me dire,
Pourquoi venir auprès de moi ?

Si vous n'avez rien à m'apprendre,
Pourquoi me pressez-vous la main ?
Sur le rêve angélique et tendre,
Auquel vous songez en chemin,
Si vous n'avez rien à m'apprendre,
Pourquoi me pressez-vous la main ?

Si vous voulez que je m'en aille,
Pourquoi passez-vous par ici ?
Lorsque je vous vois, je tressaille :
C'est ma joie et mon souci.
Si vous voulez que je m'en aille,
Pourquoi passez-vous par ici ?

“La source *tombait…*”

La source tombait du rocher
Goutte à goutte à la mer affreuse.
L’océan, fatal au rocher,
Lui dit : – Que me veux-tu, pleureuse ?

Je suis la tempête et l’effroi ;
Je finis où le ciel commence.
Est-ce que j’ai besoin de toi,
Petite, moi qui suis l’immense ? –

La source dit au gouffre amer :
– Je te donne, sans bruit ni gloire,
Ce qui te manque, ô vaste mer !
Une goutte d'eau qu'on peut boire.

Les paysans au bord

de la mer

[...]
Dans les mers il n'est pas rare
Que la foudre au lieu de phare
Brille dans l'air,
Et que sur l'eau qui se dresse
Le sloop-fantôme apparaisse
Dans un éclair.

[...]
Malheur au chasse-marée
Qui voit la nef abhorrée !
Ô nuit ! terreur !
Tout le navire frissonne,
Et la cloche, à l'avant, sonne
Avec horreur.

C'est le hollandais ! la barque
Que le doigt flamboyant marque !
L'esquif puni !
C'est la voile scélérate !
C'est le sinistre pirate
De l'infini !

Océan

[…]

"Je pars, dit le capitaine,
Pour Gibraltar, pour Athènes,
Pour Tafilet.

– Nous partons, disent les mousses,
Pour Malte où les nuits sont douces
Comme le lait.

– Nous partons, dit le pilote,
Pour l'Inde où la jonque flotte,
Pour Tétuan,
Pour Chypre, île aux belles femmes…

– Et pour le pays des âmes",
Dit l'océan
[…]

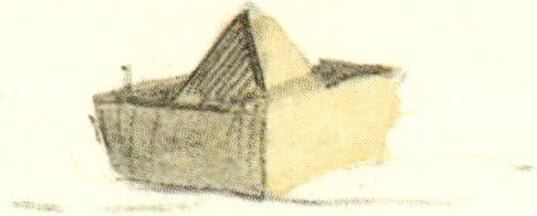

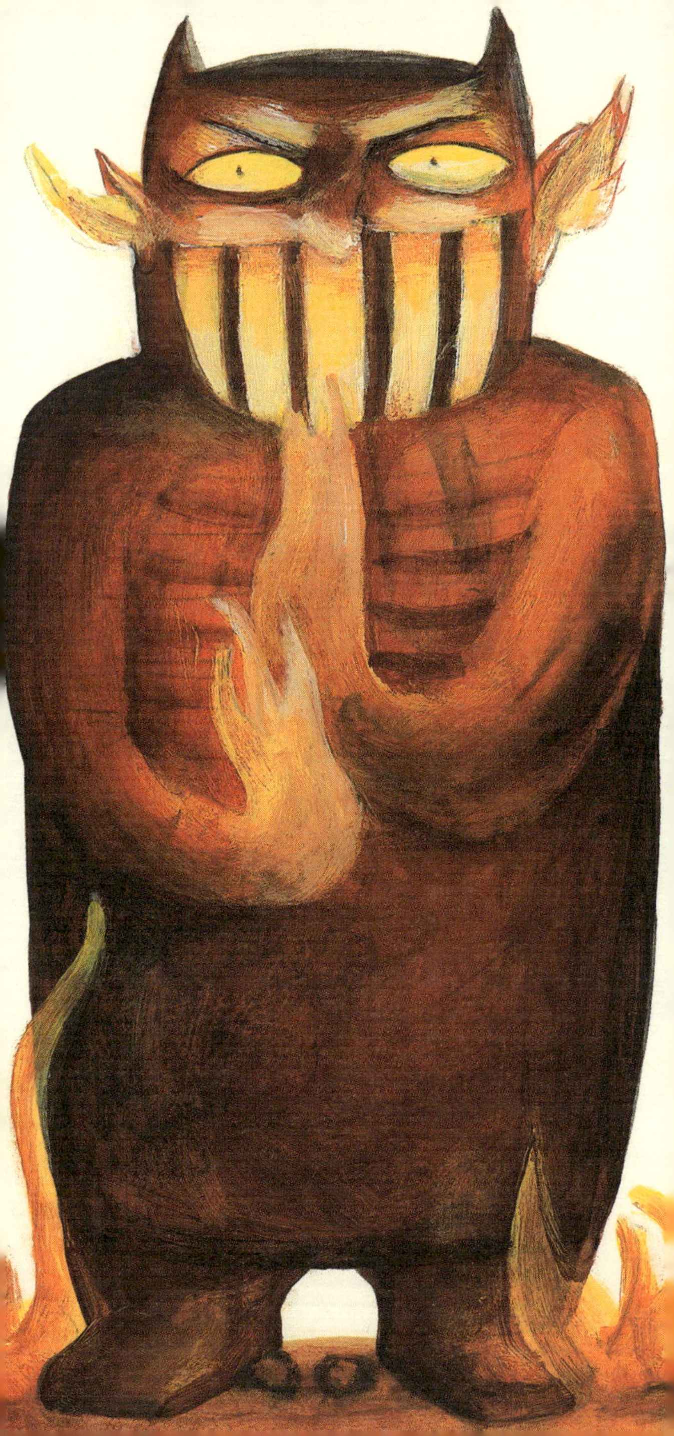

Un démon

C'était un tison rouge ayant la forme humaine ;

Ses membres, sans le feu qui gonflait chaque veine

Et leur soudait les os, eussent été rompus.

Il avait pour cheveux de noirs charbons crépus

D'où sortait en frissons une touffe de flammes.

On voyait dans ses yeux brûler de vagues âmes,

Sa bouche, brasier sombre et flamboyant cachot,

Ressemblait à la grille ardente d'un réchaud,

Ses côtes laissaient voir des lueurs de fournaise,

Il voulait me baiser avec ses dents de braise.

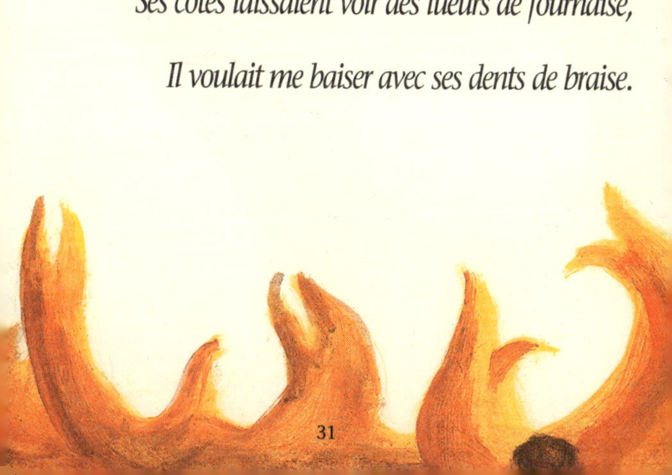

Les étoiles
f i l a

À qui donc le grand ciel sombre

Jette-t-il ses astres d'or?

Pluie éclatante de l'ombre,

Ils tombent… – Encor! encor!

n t e s

Encor! – Lueurs éloignées,

Feux purs, pâles orients,

Ils scintillent… – ô poignées

De diamants effrayants!

C'est de la splendeur qui rôde.

Ce sont des points univers.

La foudre dans l'émeraude!

Des bleuets dans des éclairs!

[…]

Réponse à l'esprit des bois

Nain que me railles,

Gnome aperçu

Dans les broussailles,

Ailé, bossu ;

Face moisie,

Sur toi, boudeur,

La poésie

Tourne en laideur.

[...]

L'église

[...]
C'était l'église en fleurs, bâtie
Sans pierre, au fond du bois mouvant,
Par l'aubépine et par l'ortie
Avec des feuilles et du vent.

Le porche était fait de deux branches
D'une broussaille et d'un buisson;
La voussure, toute en pervenches,
Était signée : Avril, maçon.

[...]
Toute la nef, d'aube baignée,
Palpitait d'extase et d'émoi.
– Ami, me dit une araignée,
La grande rosace est de moi.

Comédie dans les feuilles

Au fond du parc qui se délabre,
Vieux, désert, mais encor charmant
Quand la lune, obscur candélabre,
S'allume en son écroulement,

Un moineau franc que rien ne gêne,
A son grenier tout grand ouvert,
Au cinquième étage d'un chêne
Qu'avril vient de repeindre en vert.

Un saule pleureur se hasarde
À gémir sur le doux gazon,
À quelques pas de la mansarde
Où ricane ce polisson

[...]

"L'abeille..."

L'abeille va, vient, fouille, quête,

Travaille comme un moissonneur,

Et par moments lève sa tête

Et dit au nuage : flâneur !

Le brouillard est froid, la bruyère est grise ;
Les troupeaux de bœufs vont aux abreuvoirs ;
La lune, sortant des nuages noirs,
Semble une clarté qui vient par surprise.

Je ne sais plus quand, je ne sais plus où,
Maître Yvon soufflait dans son biniou.

Le voyageur marche et la lande est brune ;
Une ombre est derrière, une ombre est devant ;
Blancheur au couchant, lueur au devant ;
Ici crépuscule, et là clair de lune.

Je ne sais plus quand, je ne sais plus où,
Maître Yvon soufflait dans son biniou.

La sorcière assise allonge sa lippe ;
L'araignée accroche au toit son filet ;
Le lutin reluit dans le feu follet
Comme un pistil d'or dans une tulipe
[…]

Choses du soir

“Sur la Coupe…”

Sur la coupe où le vin mousse et se précipite,

Le centaure au flanc roux lutte avec le Lapithe ;

L’artiste ingénieux cisela sur l’étain

Ô leçon ! ce combat qui naquit d’un festin ;

La mêlée est affreuse ; au milieu des huées,

Un des géants, enfant orageux des nuées,

Se voyant désarmé dans ce banquet d’enfer,

Rit, et prend pour massue un chandelier de fer.

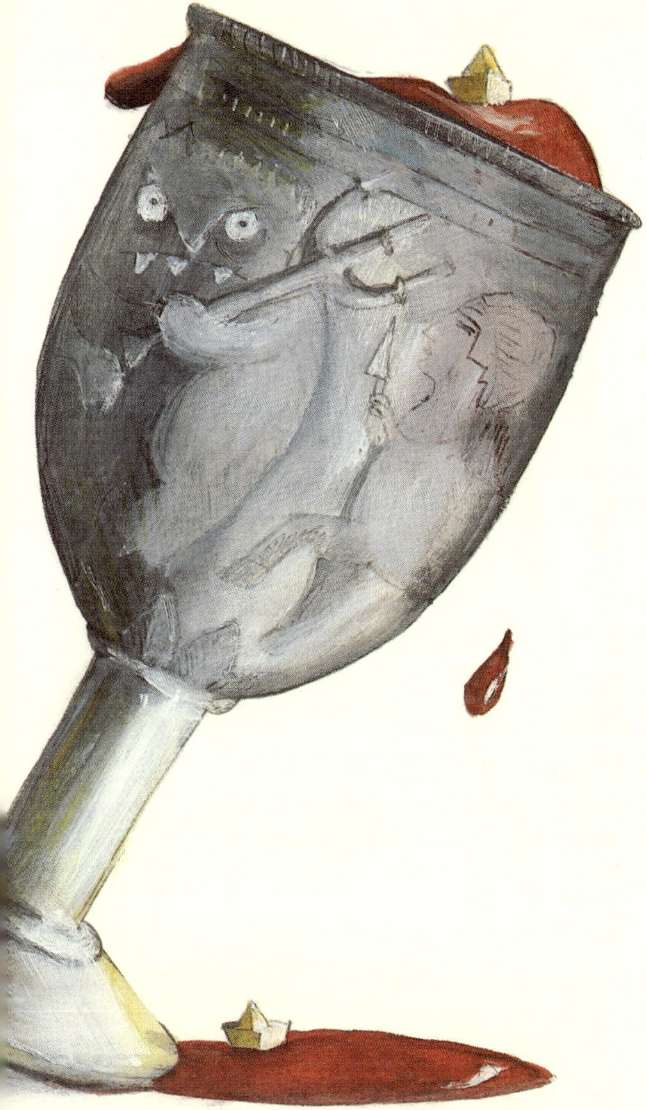

"Voici que la saison..."

Voici que la saison décline,
L'ombre grandit, l'azur décroît,
Le vent fraîchit sur la colline,
L'oiseau frissonne, l'herbe a froid.

[...]

La mouche, comme prise au piège,
Est immobile à mon plafond;
Et comme un blanc flocon de neige,
Petit à petit, l'été fond.

Nuit tombante

Une forge là-bas flamboie au pied des monts.

Vois ces deux forgerons que le feu montre et voile.

Le fer rouge étincelle. On dirait deux démons

À grands coups de marteaux écrasant une étoile.

Que forgent-ils donc là, ces deux sombres forgeurs ?

Font-ils une charrue ou font-ils une épée ?

Leur enclume sonore incessamment frappée

Fait sur la route au loin rêver les voyageurs.

[...]

Il
Je

briserai…"

[…]

Je briserai tes dents dans ta bouche, ô vipère !
En vain tu te tordras, reptile épouvanté,
En vain tu te tordras, cherchant des yeux la terre,
Tu ne verras plus rien qu'une immense clarté !

[…]

Si ceux qui t'admiraient – car, vipère, on t'admire, –
Te cherchent au cloaque où tu crois t'abriter,
Il sortira de l'ombre une voix pour leur dire :
Un aigle a passé là qui vient de l'emporter.

“Le fleuve...”

Le fleuve se recourbe à nos pieds dans la plaine
Comme un grand fer forgé pour un cheval géant.

"L'eau dort..."

L'eau dort, le sable joue autour des caravanes,

L'air s'embaume en courant sur l'herbe des savanes,

Jusqu'au jour où la voix qu'écoute l'océan

Dit au sable, à la vague, au vent que rien n'arrête :

Poussière, deviens trombe ! onde, deviens tempête !

Air, deviens ouragan !

"Elle est

p e t i t e…"

Elle est petite, elle est bossue ;
Sur sa chaudière son front sue
Et ruisselle, et sa main ossue
Y plonge un doigt sale et crochu.
Une verrue énorme et grise
Pend de sa moustache qui frise
Sur sa lèvre que cicatrise
Le stygmate d'un pied fourchu.

Le siècle d'un poète

1802 : Naissance, le 26 février, de Victor Marie Hugo à Besançon. Son père est officier de Napoléon. Il a deux frères aînés, Abel, né en 1798, et Eugène, né en 1800.

1814 : Victor Hugo entre en pension.

1815 : Il écrit ses premiers poèmes.

1817 : Il écrit un opéra-comique et une tragédie.

1818 : Victor Hugo quitte la pension pour le lycée Louis-le-Grand à Paris.

1819 : Il rencontre Adèle Foucher dont il tombe amoureux.

1821 : Mort de sa mère. Victor Hugo et Adèle se fiancent secrètement.

1822 : Son premier recueil de poèmes, *Odes et ballades,* est publié. Il épouse Adèle.

1823 : Le 16 juillet, naissance du premier fils de Victor et Adèle, Léopold-Victor. Léopold-Victor meurt le 9 octobre.

1824 : Naissance de Léopoldine Hugo, deuxième enfant de Victor et Adèle.

1825 : Victor Hugo est promu chevalier de la Légion d'honneur.

1826 : Naissance de Charles Hugo, troisième enfant de Victor et Adèle.

1828 : Mort du père de Victor Hugo. Naissance de François-Victor, quatrième enfant de Victor et Adèle.

1829 : Parution de son recueil de poèmes *Les Orientales.*

1830 : Naissance d'Adèle Hugo, cinquième enfant de Victor et Adèle.

1831 : Parution de son roman *Notre-Dame-de-Paris* et de sa première pièce de théâtre, en vers, *Marion Delorme*.

1841 : Après trois échecs, il est élu à l'Académie française.

1843 : Sa fille Léopoldine se marie en février. En septembre, elle se noie accidentellement avec son mari.

1848 : Victor Hugo devient député et dénonce la peine de mort.

1851 : Par un coup d'État, Napoléon III prend le pouvoir. Victor Hugo s'exile à Bruxelles.

1852 : Victor Hugo s'installe dans l'île de Jersey. Pendant son séjour, il s'initie au spiritisme et s'adonne à des séances de "tables tournantes".

1853 : Parution de son recueil de poèmes *Les Châtiments*.

1855 : Bientôt expulsé de Jersey, il s'installe dans l'île de Guernesey.

1856 : Parution de son recueil de poèmes *Les Contemplations*.

1859 : L'un de ses plus grands ouvrages poétiques, *La Légende des siècles*, commence à paraître. Le dernier volume sera édité en 1883.

1862-1874 : Il publie des romans importants : *Les Misérables* (1862), *Les Travailleurs de la mer* (1866), *L'Homme qui rit* (1869), *Quatre-vingt-treize* (1874).

1868 : Mort de sa femme à Bruxelles.

1870 : Victor Hugo revient d'exil.

1872 : Sa fille Adèle, folle, est internée.

1873 : Mort de son fils François-Victor.

1876 : Victor Hugo est élu sénateur de Paris.

1881 : Son dernier recueil de poèmes, publié de son vivant, paraît sous le titre *Les Quatre Vents de l'esprit.*

1885 : Victor Hugo meurt le 22 mai, à Paris. L'Assemblée et le Sénat votent à la quasi-unanimité des funérailles nationales. Son corps est exposé sous l'Arc de triomphe à Paris, avant d'être transporté au Panthéon.

Table

1. Titre donné par Francis Bouvet pour un ensemble de textes manuscrits, dans son édition des *Œuvres poétiques complètes*, Jean-Jacques Pauvert, Paris, 1961.

Conception graphique :
Studio graphique Actes Sud Junior.

Reproduit et achevé d'imprimer
en août 2002
par l'imprimerie Clerc
à Saint-Amand-Montrond
pour le compte des éditions
ACTES SUD
Le Méjan
Place Nina-Berberova
13200 Arles

Dépôt légal
1re édition : avril 2002
N° imprimeur : 7927
(Imprimé en France)